LES OBSÈQUES

DE

M. ERNEST BRETON

ADIEUX PRONONCÉS SUR SA TOMBE

LE LUNDI 31 MAI 1875

AU NOM DE LA SOCIÉTÉ DES ÉTUDES HISTORIQUES

PARIS

IMPRIMERIE TYPOGRAPHIQUE DE A. POUGIN
13, QUAI VOLTAIRE, 13
—
1875

LES OBSÈQUES

DE

M. ERNEST BRETON

 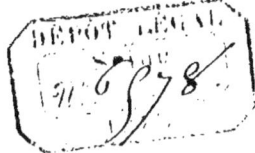

ADIEUX PRONONCÉS SUR SA TOMBE

LE LUNDI 31 MAI 1875

AU NOM DE LA SOCIÉTÉ DES ÉTUDES HISTORIQUES

PARIS

IMPRIMERIE TYPOGRAPHIQUE DE A. POUGIN
13, QUAI VOLTAIRE, 13

1875

M. ERNEST BRETON

SES OBSÈQUES, LE LUNDI 31 MAI 1875

ADIEUX PRONONCÉS SUR SA TOMBE AU NOM DE LA

SOCIÉTÉ DES ÉTUDES HISTORIQUES

La Société des *Études historiques,* déjà si cruellement éprouvée par la perte de MM. Clovis MICHAUX et Étienne DAVID, vient d'être frappée au cœur par la mort presque subite de M. Ernest BRETON, l'un de ses plus anciens membres et de ses collaborateurs les plus précieux et les plus dévoués.

A la séance du 28 mai, M. BARBIER annonça qu'une indisposition de notre collègue l'empêchait de se réunir à nous; le lendemain samedi, dans la soirée, Ernest BRETON rendait le dernier soupir. Ses obsèques ont eu lieu le lundi 31 mai, à midi, en l'église Notre-Dame-de-Lorette. Le deuil était conduit par MM. Victor BRETON et Jules BARBIER, fils et gendre du défunt. Les cordons du poêle étaient tenus par MM. BARBIER, conseiller à la Cour de cassation, vice-président de la Société des Études historiques; de MONGIS, secrétaire perpétuel de la Société philotechnique; Jules DAVID, inspecteur général de la navigation de la Seine, collègue de M. BRETON dans plusieurs sociétés savantes; Gabriel JORET-DESCLOSIÈRES, avocat à la cour d'appel de Paris, secrétaire général de la Société des Études historiques. Un détachement du 77e régiment de ligne escortait le char funèbre. On remarquait dans la nombreuse assistance, composée des amis et collègues de M. Ernest BRETON, MM. Loubens, Elwart, Léo Joubert, Camille Doucet, Alphonse Sage, Levol, Gustave Duvert, Stéphen Liégeard, Cœuret, les docteurs Hoffmann, Josat, et Coqueret, le comte de Bussy, Nigon de Berty, Jules Mareschal, Foulon, etc., etc.

Sur la tombe, au cimetière du Père-Lachaise, des adieux ont été prononcés par M. de MONGIS, qui a retracé en termes émus les qualités de l'esprit et du cœur d'Ernest BRETON. Au nom de la Société des Études historiques, M. Gabriel JORET-DESCLOSIÈRES a rappelé, dans un discours que nous reproduisons ci-après, les titres littéraires d'Ernest BRETON. M. ELWART a rendu hommage à ses goûts artistiques, au dévouement que ses amis et ses collaborateurs trouvaient près de lui; enfin M. LOUBENS, président de la Société philotechnique, au nom de ses collègues, a dit un dernier adieu à l'homme de bien, au cœur généreux qui avait su conquérir les sympathies de tous.

Voici les paroles prononcées par M. Gabriel JORET-DESCLOSIÈRES au nom de la Société des Études historiques.

MESSIEURS,

Lorsque nous célébrions, aux premiers jours de ce mois, le quarante et unième anniversaire de la fondation de la Société des *Études historiques*, nous étions loin de pressentir que l'un de nos plus aimés collègues, celui qui, depuis 1838, appartenant à notre famille littéraire, lui donnait pour ainsi dire chaque jour des preuves d'un talent fécond, d'un dévouement persistant, serait si rapidement ravi à nos sentiments de profonde estime et de sincère affection.

La place d'Ernest BRETON au milieu de nous paraissait marquée pour de longues années de travail.

Il était de ces natures droites, aux sentiments élevés, amies de tout ce qui est noble et bien, préoccupées non-seulement de rechercher dans l'étude des lettres, de l'histoire et des beaux-arts, des jouissances personnelles, mais d'y trouver aussi des enseignements qu'elles aiment à communiquer aux autres après les avoir goûtés.

Le dernier adieu que nous venons adresser à notre cher défunt ne doit pas, au bord d'une tombe, à l'heure où se taisent les vanités humaines, prendre le caractère d'un éloge, la modestie sincère de notre collègue ne l'aurait pas souhaité.

Que sa mémoire nous permette de dire simplement qu'il aima les lettres et les arts. Ernest BRETON aurait accepté ce langage; de telles paroles contiennent encore un exemple.

L'emploi des facultés éminentes qu'il avait reçues de la nature fit le charme et l'honneur de son existence, développa le germe des qualités dont son cœur était si bien doué, assura le bonheur de sa vie de famille, devint pour Ernest BRETON l'origine de solides et durables amitiés.

Il ne peut déplaire à son âme généreuse de voir rendre cet hommage aux chères études qui, pendant quarante-cinq ans, captivèrent en France et à l'étranger son esprit laborieux.

Né à Paris le 21 octobre 1812, François-Pierre-Hippolyte-Ernest BRETON, fils d'un officier du génie de la République et de l'Empire, se distingua, dès sa jeunesse, par de fortes études terminées au collége Saint-Louis.

En 1829, un premier voyage en Italie lui inspira le goût des arts et de l'architecture; élève des peintres Regnier, Champin et Watelet, il obtint de faire admettre plusieurs paysages à diverses expositions.

Le goût de l'archéologie, un attrait particulier pour la description des monuments historiques et des villes célèbres ne tardèrent pas à fixer ses préférences. Collaborateur dès leur création, 1834, de deux publications qui se proposaient de vulgariser par la plume et le crayon les chefs-d'œuvre de l'architecture, de la statuaire et de la peinture, Ernest BRETON publia des articles remarqués dans le *Musée des familles* et le *Magasin pittoresque*, conceptions utiles qui devaient inspirer nos revues illustrées contemporaines.

Ces débuts étaient encouragés, cinq ans plus tard, par une récompense des plus enviées : le 2 août 1839, l'Académie des inscriptions et belles-lettres décernait la médaille des antiquités nationales à l'ouvrage d'Ernest Breton, intitulé : *Introduction à l'Histoire de France, ou description physique, politique et monumentale de la Gaule jusqu'à l'établissement de la monarchie*, ouvrage publié avec la collaboration du marquis Achille de Jouffroy.

Cette récompense confirma la vocation de notre collègue pour les études archéologiques et historiques. Des ouvrages importants écrits et dessinés par lui, notamment les *Monuments de tous les peuples*, *Précis de l'histoire de l'architecture*, — *Pompeia*, — *Athènes*, lui méritèrent, de 1816 à 1869, les plus honorables distinctions.

Ernest Breton fut nommé chevalier des ordres de la Légion d'honneur, de Saint-Sylvestre de Rome, des Saints Maurice et Lazare, du Sauveur de Grèce.

De nombreuses Sociétés savantes de province et de l'étranger lui conférèrent le titre de Membre correspondant.

A Paris, la Société des Antiquaires de France, la Société Ethnologique, la Société Philotechnique, le comptèrent au nombre de leurs membres résidants.

Mais son titre le plus ancien le rattachait à l'Institut historique, aujourd'hui Société des Études historiques, dont il fut élu membre le 29 juin 1838.

La collaboration d'Ernest Breton aux travaux de notre Société fut incessante; chaque année, il lui communiqua des articles biographiques sur des peintres, sculpteurs, architectes français et italiens, travaux destinés à la biographie générale de MM. Didot. A ces notices s'ajoutaient des récits et descriptions de voyages dont ses excursions en Grèce, en Espagne, en Angleterre, lui fournissaient les éléments aussi variés que profondément étudiés.

Les mérites de l'archéologue, de l'écrivain, de l'artiste, étaient accompagnés, chez notre collègue, des qualités les plus aimables de l'homme du monde.

La franchise de son caractère, la cordialité de son abord, l'urbanité de ses formes lui conciliaient, dès le premier instant, la sympathie de tous ceux qui entraient en relations avec lui.

Esprit ferme, doué d'un sens droit, les observations qu'il présentait au cours de nos discussions se faisaient remarquer par leur précision, leur sobriété, par une forme courtoise qui, sans rien ôter à la valeur du fond, ménageait l'amour-propre de l'auteur critiqué.

Pouvons-nous oublier que ce fut chez Ernest BRETON, au milieu des curieuses et riches collections rapportées de ses nombreux voyages, au milieu de ses manuscrits et de ses livres aimés, que les membres de l'ancien Institut historique, dispersés par les événements douloureux de 1870, reçurent l'hospitalité, lorsque fut proposée cette prévoyante transformation qui, satisfaisant à une prescription légale, nous fit renaître sous le titre de Société des Études historiques ?

Ernest BRETON avait donné tout son cœur à notre fortune nouvelle, secondant activement celui de nos éminents collègues auquel l'attachait le double lien d'une étroite amitié et d'une heureuse alliance de famille (1); il avait, comme lui, par trois élections alternées de 1862 à 1874, obtenu l'honneur de présider notre Société.

Une mort presque soudaine vient de briser bien prématurément, à soixante-trois ans, des relations qui nous étaient si chères ; mais elle nous laisse des souvenirs que nous aimerons à rappeler. Nous chercherons souvent au milieu de nous le visage digne, plein d'aménité, de notre collègue. Nos pensées accompagnant son âme immortelle, lui demanderont encore de nous inspirer les sentiments élevés qui caractérisaient éminemment Ernest BRETON : l'amour des plus nobles occupations de l'esprit et du cœur.

Natures privilégiées, laissant après elles de longs regrets, de fructueux enseignements; et cette suprême consolation que leurs belles qualités, leur inaltérable bienveillance, mériteront une éternelle récompense !

(1) M. Barbier, conseiller à la Cour de Cassation.

PARIS. — TYPOGRAPHIE A. POUGIN, 13, QUAI VOLTAIRE. — 3392

www.ingramcontent.com/pod-product-compliance
Lightning Source LLC
Chambersburg PA
CBHW061623040426
42450CB00010B/2634